MIS RAÍCES
EN
LEYENDAS

(Nuevas Leyendas)

Por Dr. Roberto Hernández

ÍNDICE

MENSAJE AL LECTOR

El propósito de este libro es mostrarte, amigo lector, las raíces de tu ser puertorriqueño: lo taíno, lo negro, lo español.

A través de estas leyendas entras por una puerta mágica. Pasas un largo corredor. Encuentras al fondo un espejo. Te miras. Ves un indio. Está cazando, bañándose en los ríos, guerreando con los caribes. Es un hombre bueno, valiente, como lo eres tú.

De pronto cambia la escena. Toma forma frente a tus ojos la figura de un conquistador. Se te parece. Es aguerrido, temerario, gran explorador y muy religioso. Se marcha. En el espacio que deja aparece un negro esclavo. Hombre como tú, de gran resistencia, trabajador, noble, sencillo, servicial, amante de la música y el ritmo.

Te sorprendes. ¿No entiendes que pasa? Yo te lo diré. Al entrar al mundo de la leyenda penetras a un espejo cultural. Por eso es ésta la expresión literaria que más te atrae y llena. En ella encuentras abundancia expresiva: fantasía, imaginación, misterio, dimensión poética y elementos reales de tu vida presente y pasada.

Lee estas leyendas, mi amigo, para que te vayas conociendo, en ese espejo de la cultura. Tu cultura está tan y tan cerca de tu ser, que es como una segunda piel que llevas pegada a lo que eres. Tu cultura es como tu segunda piel, por eso te hace ser lo que eres: Puertorriqueño.

I. LEYENDAS ESPAÑOLAS
(HERENCIA ESPAÑOLA)

NOTAS SOBRE LOS ESPAÑOLES

Cristóbal Colón descubre a Puerto Rico en su Segundo viaje en 1493.

Nuestra isla es explorada por Juan Ponce de León en 1508. Al llegar hace amistad con Guaybaná I y su madre. Hacen un pacto de amistad y se cambian los nombres como era costumbre entre los taínos. Luego, Juan Ponce es nombrado primer gobernador de la isla.

La Amistad entre Guaybaná y Juan Ponce facilitó la extracción de oro y el trabajo de los españoles. El problema fue que los indios comenzaron a ser tratados como esclavos. Todo se agravó al morir Guaybaná I. Guaybaná II, junto a otros bravos caciques, se rebeló en 1511 contra los españoles. Juan Ponce junto a sus soldados mató a Guaybaná y a los caciques rebeldes. Pacificó así a la isla, sometió a los indios quienes ya no les causarían problemas a partir de ese momento.

Los españoles se dedicaron a extraer oro, luego a cultivar la tierra y colonizar la Isla. Más tarde se dedicaron a construir fortificaciones para que países como Inglaterra, Holanda y Francia no se apoderaran de Puerto Rico. Estos países atacaban continuamente nuestra isla. Los españoles defendieron bien la isla y permanecieron aquí hasta 1898. Este fue el año de la Guerra Hispanoamericana cuando España cedió a Puerto Rico a Estados Unidos.

En los casi 500 años que estuvieron los españoles en nuestra tierra nos transmitieron su cultura, idioma, religión, ideas y costumbres.

España fue como una madre cultural para nosotros y mucho de lo que somos como país se lo debemos a ella. Igual le debe la comunidad de países hispanoamericanos con quienes formamos una hermandad cultural.

Preguntas guías

1. ¿Qué significa madre cultural?
2. ¿Le debemos mucho a España?
3. ¿Qué son los países hispanoamericanos?
4. ¿Cuántos son?
5. ¿Participa Puerto Rico de una tradición española?
6. ¿Quiénes son los anglo americanos?

Vocabulario

colonizar. Proceso por el cual un grupo de personas de un país puebla y se establece en otro a nombre del primero.

cultura. Conjunto de los conocimientos, destrezas, costumbres y tradiciones de un pueblo.

EL ESPÍRITU DEL ESPAÑOL

Manuel Castelar era un español que vivía en Vega Alta para fines del siglo pasado. Él era muy amante de España. A su manera le demostraba su amor. Todos los días, por la noche, le daba vivas a su madre patria en la plaza del pueblo.

Después de la Guerra Hispanoamericana entre España y los Estados Unidos y debido al cambio de soberanía ocurrido, este español no podría gritar su amor a su país natal. Esto se debió a que los norteamericanos establecieron un gobierno militar en la Isla. Este gobierno era muy estricto. Soldados patrullaban las calles y la plaza del pueblo. Tenían rifles muy largos y certeros. Podían disparar a matar a cualquier persona que violara las nuevas leyes.

Esta situación había entristecido sobremanera y llenado de coraje a Manuel. Cuando nadie lo veía, lloraba y lloraba. Él pensaba y pensaba qué podría hacer para continuar dándole vivas a España. A menudo gritaba en las calles y callejones cercanos a la plaza, "¡Viva España! ¡Viva Puerto Rico de España!" No se atrevía a decirlo muy alto para que no lo fueran a meter preso. Pero gritar así no le daba mucho gusto. Él quería hacerlo en medio de la plaza, delante de todos, con mucha fuerza, para que llegara a los oídos de los soldados y de la gente. Una noche mientras lo meditaba en su casa, se sintió tan desesperado que decidió ir a dar su grito con todas sus fuerzas. No le importaba si lo mataban o si se moría del susto. Su vida no valía nada, pensaba él, si no le daba vivas a su amado suelo. Se decidió. Así lo había hecho siempre. Así lo haría ahora de nuevo.

Tomó una gran bandera de su país que tenía colgada en la sala. Salió a la calle. Llegó a la plaza. Allí estaban los soldados. Estos, al verlo llegar corriendo hacia ellos, creyeron que él los iba a atacar. Sacaron sus rifles. Manuel se asustó más que ellos al ver las armas. Dio media vuelta y comenzó a correr y a correr y a correr. Los soldados se le fueron detrás. El gritaba y gritaba. ¡No me maten! Los soldados americanos no sabían lo que él decía. Él miraba para atrás, veía las largas armas con sus bocas de fuego y de muerte, y corría más rápido. Ya le había dado tres vueltas a la plaza. De pronto recordó qué era lo que había venido a hacer allí. Se desvió hacia el mismo centro de la plaza. Mientras lo hacía metía sus manos para sacar algo que llevaba oculto debajo de la camisa. Los militares creyeron que estaba sacando un arma de fuego para dispararles. Algunos dispararon sus armas al aire. El soldado que estaba más cerca de él, creyó, que éste iba a dispararle y le apuntó con su rifle. Manuel sintió que iba a morir en aquel instante. Se resignó y decidió entonces hacer lo que más le gustaba. Comenzó a sacar lo que ocultaba allí, en su pecho. El soldado ya disparaba. Manuel gritaba mientras ondeaba la bandera española y decía: "¡Viva España! ¡Viva Puerto Rico de España!" Ya la bala penetraba su pecho. Sus palabras rompieron el aire en mil pedazos. La bandera cayó de sus manos…cayó al polvo como algo que moría. También la sangre y la vida de Manuel rodaron hacia el polvo y la muerte. Allí quedaron inertes.

Cuenta la leyenda que el deseo de aquel español de gritar su amor a España fue más fuerte que los rifles, que las balas, que la muerte.

Si pasas una de estas noches por la plaza pública de Vega Alta, podrás oír una voz de más allá de la tumba que grita jadeante, "¡Viva España! ¡Viva Puerto Rico de España!"

Vocabulario

dar vivas. Aclamar, vitorear, expresar contentura por algo.
gobierno militar. Gobierno donde la dirección del Estado, del país, se pone en manos de los militares, usualmente en forma provisional.
Guerra Hispanoamericana. Conflicto militar entre España y Estados Unidos ocurrido en el año 1898. Puerto Rico pasó de ser posesión de España a ser posesión de los Estados Unidos.
soberanía. Autoridad máxima del poder público.

Ejercicios de pensamiento crítico

En esta leyenda se interesa relacionar al estudiante con un episodio fundamental de su historia, la Guerra Hispanoamericana. Se interesa, además, que aprenda qué es ciudadanía y cómo un cambio de ésta afecta la relación del ciudadano con el país en que ocurre el cambio, como le sucedió a Manuel Castelar, personaje de esta leyenda, a finales del siglo XIX.

Objetivo
El estudiante aprenderá lo que es ciudadanía y podrá distinguir un ciudadano español de uno americano o puertorriqueño.

Exploración

El maestro buscará en el diccionario, junto con los estudiantes, la definición de "guerra". Esta se analizará y se disertará sobre el significado y consecuencias generales de la misma.

1. ¿Qué sucede en las guerras? ¿Por qué se pelean éstas?

   _____

   _____

2. ¿Qué relación existía entre Puerto Rico y España antes de la Guerra Hispanoamericana?

   _____

   _____

3. ¿Qué aspectos geográficos y económicos influían en la relación de Puerto Rico con España y Estados Unidos?

   _____

   _____

Conceptualización

En esta etapa del análisis se puede asignar una lectura de historia, o el profesor puede instruir a los estudiantes para que adquieran una idea adecuada de la Guerra Hispanoamericana. Así se podrá comprender y disfrutar más de la leyenda.

1. ¿Por qué la Guerra Hispanoamericana tiene este nombre? ¿Qué significa el mismo?

   _____

   _____

2. ¿Cómo afectó esta guerra la relación entre Puerto Rico y España?

   _____

3. ¿Cómo se afectó la ciudadanía de don Manuel Castelar?

4. ¿Por qué no podía darle vivas a España en la plaza como antes hacía?

5. ¿Cómo afectó su ciudadanía española su relación con los soldados norteamericanos?

Aplicación

En esta sección se le puede pedir al estudiante que haga un proyecto donde se establezcan algunas diferencias culturales y geográficas entre España y Estados Unidos. Esto deberá permitir a los estudiantes distinguir la ciudadanía de los soldados, de la de don Manuel. También podría establecerse cómo fue afectada la ciudadanía de los puertorriqueños al Puerto Rico dejar de ser parte de España y comenzar nuevas relaciones con los Estados Unidos.

LAS BRUJAS Y EL ESPAÑOL

Un capitán de goleta español llamado Ernesto vivía en Vieques. El atracaba su navío en el puerto Los Mosquitos, de la Isla Nena. Su nave era muy conocida por lo limpia y blanca que siempre estaba. Él tomaba especial cuidado en ello. No le gustaba ensuciar su ropa blanca, su gorra de capitán, ni sus zapatos marineros. En sus viajes comerciales con otras islas y con Puerto Rico, sus marinos pasaban mucho tiempo limpiando. Al llegar al puerto estaba tan limpia la goleta que solo tenían que anclarla y marcharse. Un día en que llegó temprano a su barco para disfrutar un momento a solas, antes que llegaran sus hombres, descubrió algo terrible. Su barco estaba muy sucio. Lo notó al ensuciarse los zapatos con barro, su pantalón con manchas de comida y su sombrero con una especie de salsa amarilla que estaba regada por todas partes.

Él se puso furioso. Cuando llegaron sus marinos los castigó creyendo que habían sido ellos. Los puso a limpiar la nave durante todo el día mientras viajaban. Al atracarla, al regreso a puerto por la noche, estaba tan limpia que parecía una tacita de oro. Así la dejaron al marcharse. El quedó muy contento.

Intrigado con lo que había ocurrido el día anterior, decidió investigar. De nuevo llegó bien temprano el próximo día, y oh, "¡Que espanto!" pensó, al ver su barco sucio de nuevo.

¿Cómo era posible? Pensó, pensó y pensó. Se le ocurrió después de un rato, que alguien usaba su nave de noche. Decidió regresar esa noche, esconderse en algún lugar desde donde observar lo que pasaba. Así lo hizo. Alrededor de las 12:00 PM oyó pasos. Ya se disponía a saltar sobre los intrusos cuando se dio cuenta que eran dos mujeres sumamente muy extrañas. Tenían todo el cabello parado. Sus trajes tenían muchos flecos de diversos colores, como un arcoíris. Los zapatos eran largos, puntiagudos y verdes como los de los duendes. Cada una tenía una escoba debajo del brazo.

Don Ernesto temblaba como una hoja. Se asustó aún más cuando una dijo:

- Vamos ahora a la fiesta de brujas de la isla vecina.

Juntas pronunciaros unas palabras y unos cantos en un idioma que él no entendía. Esto duró unos minutos. Mientras hacía esto, el barco comenzó a llenarse de una niebla color gris metálica. Parecía querer comenzar a moverse enseguida, como si unas fuerzas extrañas lo estuvieran empujando. Luego sí comprendió sus palabras al ellas decir juntas:

- Velero de aquí, llévanos con dos a Haití.

Como el barco no se movía comenzaron a pelear una con la otra.

– El velero no sale porque estás encinta.

– No, tú eres la que está encinta y no sale el barco porque somos tres.

Ya verás; velero de aquí, llévanos con tres a Haití.

De inmediato comenzó a moverse la nave. Una fuerza terrible que echaba chispas y humo lo movía rápidamente. En poco tiempo estuvieron en Haití.

14

Tan pronto llegaron las brujas se bajaron.

El barco continuaba rodeado de la tiniebla misteriosa. Don Ernesto quería escaparse, pero, ¿cómo hacerlo? Pensó y pensó, y al rato, se le ocurrió decir:

-   Velero de aquí, llévame con uno a mi país.

De inmediato y sin él saber cómo, la nave comenzó a moverse a gran velocidad.

A pesar de su miedo él sentía que había hecho lo correcto. Quería alejarse de allí lo antes posible. Además, quería dejar a aquellas mujeres en aquella isla, sin que pudieran regresar a Puerto Rico. Así se vengaba de aquellos horribles seres misteriosos a quienes temía Pensaba que lo podían convertir en un sapo. O si no, que lo podían llevar donde espíritus malos que lo pellizcarían, le halarían los cabellos, lo morderían. Hasta podían llevarlo al infierno hasta un lago de fuego…

En la mañana, como a las 5:00 AM llegó al puerto de Vieques. Estaba contento de sentirse a salvo. De haberse escapado de las brujas y de las torturas y espíritus que su mente imaginaba. Quería darse prisa para salir de allí y llegar a su casa. Bajó su pie hasta el piso de tabla del muelle para irse. Miraba hacia abajo con cuidado para no tropezar. Afirmó el pie. Luego miró hacia arriba para comenzar a caminar. Lo que vio en aquel instante le hizo saltar el corazón. Allí estaban las dos brujas. Sus trajes brillaban en la penumbra. Echaban chispas de fuego por los ojos. Don Ernesto casi se desmaya cuando éstas se le acercaron. Se detuvieron frente a él. Lo señalaron, dijeron:

– Mira, este hombre era el que estaba en el barco, por eso mi magia no resultó.

– Sí éramos tres y no dos.

– Por eso el barco no se movía.

– Y tú que pensabas que el tres era un bebé dentro de mí.

– La culpa fue de ése. Por eso no usaremos más su barco.

Don Ernesto nunca supo cómo llegó a su casa. Sólo hablaba de brujas, de espíritus, del infierno y de muchas otras cosas que no se pueden narrar en estas páginas. Algo que se preguntaba siempre antes de morir a los pocos meses después, era, ¿cómo llegaron las brujas a Puerto Rico? ¿Cómo llegaron?

Vocabulario

delirios. Perturbación mental causada por la fiebre u otra enfermedad.

flecos. Cordoncillos, bordes colgantes que se usan para adornar cortinas y muebles.

goleta. Embarcación no muy grande con dos palos donde se colocan las velas.

intrusos. Quien se mete o introduce en algún lugar sin pedir permiso.

Isla Nena. Así se le llama a Vieques por ser pequeña.

muelle. Construcción en un puerto o a lo largo de un río para la carga de los novios.

navío. Embarcación

puerto. Lugar en la costa acondicionado por la mano del hombre para dar abrigo a los barcos.

tacita de oro. Significa muy limpia y bella.

Ejercicios de Pensamiento Crítico

En este ejercicio de pensamiento crítico se utilizará la técnica de comentar y analizar un texto literario.

Objetivo

El objetivo será ayudarte a que aprendas lo que es una actitud supersticiosa, y que puedas superarla, aprendiendo nuevos conocimientos sobre el tema.

Exploración

En esta parte trata de entender lo que es la actitud supersticiosa.

1. Describe lo que sucede en esta leyenda, ¿cómo llegó y cómo regresó don Manuel de Haití?

   _____

   _____

16

2. ¿Cuánto pesan los barcos? ¿cómo se mueven éstos? ¿qué combustible usan?

_____

_____

3. Si tú tuvieras el poder de mover barcos, aviones y autos con palabras mágicas, ¿lo usarías?, ¿sabes de alguien que lo haya hecho?

_____

_____

4. De existir ese poder, ¿no crees que sería más cómodo y barato usarlo que tener que usar motores, carbón o gasolina? ¿qué tú harías?

_____

_____

5. ¿Crees que las brujas pudieron mover el barco con sus palabras, o que esto es falso?

_____

_____

Conceptualización

Al conceptualizar estás tratando de entender con claridad la idea que exploraste en el número 1. Busca la definición de superstición en tu diccionario. Relaciona y compara lo que hicieron las brujas con tu definición y contesta:

1. ¿Es una superstición creer lo que dice esta leyenda sobre el barco y las brujas?

_____

_____

2. Si esto es una superstición, ¿es falso que existan brujas con poderes en sus palabras?, ¿qué crees?, ¿por qué?

_____

_____

3. ¿Será supersticioso creer que romper un espejo o abrir una sombrilla dentro de la casa trae mala suerte?

_____

_____

4. ¿Qué poder mágico puede tener la tela de la sombrilla o el vidrio del espejo?

_____

_____

5. ¿Has observado algún poder de estos objetos en tu casa?

_____

_____

6. Busca y enumera tres supersticiones y di por qué son falsas

_____

_____

Aplicación

En esta parte tú pones en práctica lo que has aprendido en I y II. Haz varios experimentos bajo la supervisión de tu maestro o de un adulto donde pruebes lo expresado en varias supersticiones.

Pon en práctica lo que dicen varias supersticiones y trata de comprobar si sucede lo que éstas dicen. Ejemplos que se dice afectan tu suerte:

a. Abre una sombrilla en tu salón.
b. Derrama un poco de sal en la mesa.
c. Consigue una herradura de caballo y cárgala contigo. Anota y comprueba sus efectos.

II. Leyendas Negras (Herencia Africana)

Los Negros

Los negros son uno de los grupos que constituyen nuestro ser puertorriqueño. Estos comenzaron a llegar a nuestra Isla, poco tiempo después que los primeros conquistadores.

Fueron traídos por éstos para trabajar en especial en la agricultura. Los trajeron por ser buenos, trabajadores, fuertes y resistentes a las enfermedades. Eran comprados en las costas de África. Allí eran llevados, miembros de una tribu, esclavizados por otras tribus negras. Los europeos los compraban y traían a muchos de esos hombres a nuestra tierra.

Los esclavos sufrieron mucho desde que llegaron a nuestras playas. No tenían los derechos que los demás ciudadanos. No tenían libertad, derecho a tener propiedad, a viajar solos, comprar, quedarse con sus hijos, comer lo que desearan. Para todo necesitaban el permiso de sus amos. Estos eran sus dueños. Lo eran en la forma en que tú posees a un animal o a un objeto.

Todo esto cambió cuando en 1873 lograron su libertad. Su influencia cultural y social se hizo más efectiva. Ya antes de su liberación, muchos se habían distinguido e influido culturalmente en nuestro medio.

Un ejemplo distinguido en educación, lo fue el Maestro Rafael. Este fue uno de los primeros grandes educadores negros del mundo y el primero en Puerto Rico.

Otros negros entre otros, que se han distinguido son, Juano Hernández (teatro), Rafael Hernández (música), y los Drs. Modesto Rivera e Isabelo Zenón Cruz (educación).

Preguntas guías

1. ¿Cuándo llegaron los primeros negros a Puerto Rico?

   _____

   _____

2. ¿Por qué trajeron negros esclavos a Puerto Rico?

   _____

   _____

3. ¿Qué significaba que una persona fuese esclava de otra?

   _____

   _____

4. ¿Cuándo se liberaron los esclavos en Puerto Rico?

   _____

   _____

5. Menciona algunos negros sobresalientes de tu comunidad.

   _____

   _____

Vocabulario

ciudadano. Natural o vecino de una ciudad.

CARIDAD, CARIDAD POR DIOS, CARIDAD

– Papi, cuéntanos un cuento.

– No puedo ahora, Ariadne.

– Sí, si papi, un cuento.

– Estoy ocupado Kiki.

– María papi, tú no nos quieres.

– No digas eso Guguie… bueno, les haré el cuento del negro carabalí.

– ¿Ese fue el que te contó abuelita Lola, verdad?

– Sí. ¿Lo quieren oír?

– Sí, sí, sí.

– Esta era una vez que había una señora pobrecita que vivía en el campo. Ella tenía muchos niños. Trabajaba todo el día lavando y planchando ropa de encargo. Ella la iba a buscar los fines de semana al pueblo. Como lavaba y planchaba para varias familias, hacía varios líos de ropa. Una para cada familia. Luego tomaba cada lío y lo acomodaba en una canasta de mimbre. Se ponía ésta en la cabeza y caminando, caminando, llevaba la ropa a sus dueños. Cuando tenía demasiada ropa lavada y planchada que buscar, o llevar al pueblo, tomaba prestado un caballo chongo de su vecino más próximo. Este vivía bastante retirado de su casa, como otros.

Sus hijos la ayudaban a llevar la ropa planchada, hasta la casa del vecino que tenía el caballo. Cada uno cargaba dos o tres mudas de ropa, con mucho cuidado, para que no se estrujase.

Luego ponían la ropa en un armazón de varas colocado a los lados y alrededor del animal. Esta estructura, la construyeron para su mamá, el hijo y la hija mayor de ella. Al final ella se montaba en la bestia. Así marchaba, con la ropa lavada y planchada dentro de las canastas y a los lados del caballo. Todos los niños le daban un beso a su mamá y se paraban en el camino para verla marchar. Ella siempre se llevaba, al pequeño un día, y a la más pequeña al otro día. Luego regresaba del pueblo con arroz, sal, habichuelas, aceite, bacalao y otras cosas de comer. También traía dulces, muñequitas y carritos para sus hijos. Ellos eran pobres pero felices. Todos trabajaban y ayudaban a su mamá.

Un día en que ella había estado trabajando mucho, se sentó un momento en el escalón de la escalerita que daba acceso a la puerta de entrada de la casita. Miró hacia dentro de la casa, hacia la parte alta del techo. De pronto su corazón le dio un vuelco. Lo que vio la llenó de mucho miedo. Allí arriba, acurrucado y trepado sobre la viga del centro del techo, estaba un negro carabalí. Casi no se notaba su figura a esa hora del día por el juego del color de su piel y el de las sombras.

Ella no sabía qué hacer, ante el peligro que presentía para ella, y sobre todo para sus hijos. Pensó, pensó, pensó; ¿qué hacer?, ¿qué hacer Dios mío? De pronto se le ocurrió una idea.

– Niños, vengan acá. Les contaré un cuento.

– Ay sí, sí qué bueno, qué bueno.

– ¿Cuál mami?

– Les narraré cómo vinieron ustedes al mundo.

– ¿Cómo fue?

– A mí me trajo una mariposa gigante de alas de cristal.

– A mí una cigüeña encantada.

– A mí una reinita mágica.

26

– Y a mí un coquí de una flauta de oro en la garganta.

– Yo nací de las manos de mami, como una semillita de niña que le nació en el dedo meñique, ¿verdad mami? Luego ella se tragó la semillita que parecía una muñequita. Después yo crecí, crecí y crecí en la barriga, que se fue poniendo grande y un día…

– ¿Y dónde estaba papi cuando yo nací?

– Ese día había salido con su amigo Dionisio, quien siempre lo acompañaba, a donde quiera que él iba. Yo sentí los dolores…Estaba sola.

– ¿Y qué hiciste mami?

– Yo no sabía qué hacer. Cuando los niños nacen, si no hay un médico hay que buscar a la comadrona. Yo no podía buscarla. Como estaba sola comencé a gritar…caridad, caridad por Dios, caridad.

– ¿Qué quiere decir eso mami?

– Quiere decir, ayúdenme, ayúdenme.

– Y tú gritabas así de alto, mami.

– No, más fuerte, así…**CARIDAD, CARIDAD, POR DIOS, CARIDAD**

– ¿Y qué pasó mami?

– Pues no vino nadie y yo te tuve a ti solita, solas tú y yo contra el mundo.

– ¿Y qué pasó cuando yo nací, mami?

– Como tú viniste al mundo después de ella yo grité más fuerte todavía.

– ¿Y papi, dónde estaba?

– Estaba trabajando en el ingenio azucarero. Ese día, de madrugada, todavía oscuro, yo comencé: **Caridad, Caridad, por Dios, Caridad**.

– ¿Y te ayudaron, mami?

– No, no venía nadie. Yo gritaba aún más alto. **CARIDAD, CARIDAD, POR DIOS, CARIDAD**….pero al final te tuve yo solita, solos tú y yo en el mundo…

– ¿Y qué pasó conmigo mami?

– Como tú eres de los más pequeños Toñito, esa vez yo grité más y más desesperada. Como no me oían me tiré al patio y grité más fuerte que nunca. Vengan, vamos al patio, a ver si pueden gritar bien alto como yo; todos. A ver: **CARIDAD, CARIDAD POR DIOS,**

CARIDAD. Gritemos más alto todavía: **CARIDAD, CARIDAD POR DIOS, CARIDAD**.

– Mami, voy a gritar desde el árbol de mangó.

– Está bien, Mario.

– Mami ahí viene mucha gente.

– Sí, si ya los veo.

– Son los vecinos, vienen con el caballo.

–Y vienen más vecinos de otro lado.

– Ea, Virgen, ahora van a creer que tú estás dando a luz mami.

– ¿Qué pasa Doña Lolita?

– Sí, sí, ¿qué pasa?

– Es que hay un negro carabalí trepado en la solera de la casa. ¡Agarren a ese negro sinvergüenza!

– ¿Y lo agarraron, papi?

– Sí, lo agarraron.

– ¿Y qué les hacían?

– Se los devolvían al amo, quien podía, castigarlos, venderlos o hasta matarlos.

– Ay bendito.

– ¿Ellos eran malos de verdad?

– No, los amos decían que ellos eran malos si éstos no eran obedientes, si se quejaban, o si no trabajaban mucho.

– ¿Para eso era la esclavitud, para ponerlos a trabajar?

– Sí, y no les pagaban porque los amos eran dueños de los esclavos como si, como si…

– ¿Cómo cuando uno es dueño de un gatito o de una vaca?

– Así mismo Ariadne, así mismo.

– Por eso, cualquier cosa que hiciera el esclavo, aunque fuera buena, si no le gustaba al amo, éste pensaba que el esclavo era malo.

– Ser esclavo era como ser un animal de propiedad.

– Es verdad lo que ustedes dicen, y ahora, a dormir; y no vayan a gritar **CARIDAD, CARIDAD POR DIOS, CARIDAD**, porque nadie los va a venir a ayudar.

– Ja, Ja, Ja …

Vocabulario

canasta. Cesta hecha de la rama de la mimbrera.

caridad. Virtud de Amor a Dios y al prójimo. Limosna o auxilio.

chongo. Caballo viejo y decrépito.

Dionisio. Dios del vino para los antiguos griegos.

solera. Maderos del techo.

Ejercicios de pensamiento crítico

El estudiante aprenderá el significado de estos valores; podrá visualizarlos en la estructura de las leyendas y los podrá aplicar en actividades docentes y en su vida.

El esquema a seguir es el del pensamiento crítico en torno a las ideas de exploración, conceptualización y aplicación.

Exploración

Explicación de los valores de dignidad y solidaridad:

Dignidad – implica la valía, el valor del hombre y de su vida en cuanto a lo humano y su importancia individual y social. Esto significa que lo humano, nuestra vida y nuestro ser, es importante y valioso y que hay que respetarlo.

Solidaridad – implica la idea del respetar y ayudar a los demás. En esta sección de exploración debes buscar información sobre la esclavitud en Puerto Rico y por qué huían los esclavos de sus amos.

Preguntas

1. ¿Qué sucedió en esta leyenda? ¿Por qué la madre gritaba, "caridad, caridad"? ¿Crees que el esclavo quería hacerle daño o que estaría huyendo de sus amos?

   _____

   _____

2. Si fueras un esclavo y fueras maltratado, ¿huirías de tus amos?, ¿te esconderías en una casa? Si después de huir tuvieras hambre, ¿irías a alguna casa a buscar comida?, ¿no sería esto lo que hacía el esclavo, huir y buscar comida?

   _____

   _____

3. ¿Te gustaría ser esclavo y que te pegaran y maltrataran? ¿Huirías de tus amos? ¿Te quedarías para que abusaran contigo?

   _____

   _____

Conceptualización

Como te has enterado en el salón de clases, los esclavos pertenecían a sus dueños como si hubiesen sido un objeto o un animal, ¿es ésta una situación "digna", o sea, se estaba respetando el valor de la persona? ¿Qué tú crees? ¿Te gustaría que te trataran así? ¿Es importante la dignidad para ti? ¿Le dan importancia los demás a su dignidad?

1. La señora al gritar "**caridad, caridad**" atrajo a sus vecinos. Estos ahora cogerían al esclavo. ¿Qué crees que le harían? Escoge una o más:

   a. Lo ayudarían a liberarse
   b. Lo castigarían
   c. Lo castigarían y se lo llevarían al amo
   d. Lo matarían

2. ¿Estaban siendo ellos solidarios con el esclavo, o sea, lo estaban ayudando y tratando de comprenderlo?

Aplicación

Si un esclavo viniera a tu casa buscando ayuda, ¿qué harías?

Debate: el salón se dividirá en dos grupos, esclavistas y anti-esclavistas. Cada grupo argüirá en pro y en contra y establecerá cómo se afectan la solidaridad y la dignidad en uno y otro caso.

LA VENGANZA
DEL ESCLAVO CIMARRÓN

Regresaban del pueblo. Las bestias hendían sin prisa el polvo del camino. Arriba en la ruta al cielo, las sombras iban devorando las hilachas de luz que, como rabos de chiringas, volaban por el cielo. Abajo la luz era masticada debajo de los matorrales, entre las grandes raíces de las ceibas y de los húcares, en las grietas del camino y en las bocas de las cuevas de los montes cercanos. Si se miraba bien se podían ver los dientes y la gran lengua de trapo gris oscurísimo de las sombras.

Los jinetes casi no notaban la cena que hacían las bocas de las sombras con la carne blanca de la luz. Ellos estaban tensos. Venían de una reunión de vecinos hecha en el pueblo. En la misma se discutían las muertes misteriosas de algunos de los hacendados. Algunos de los presentes en la reunión, habían dicho, que eran los fantasmas de los esclavos, quienes se estaban vengando de los amos. Añadían que Yenso era el líder. Otros miembros de la reunión indicaban que no creían en espíritus, que habían acabado con Yenso y con otros que se habían ido a los montes, que los mismos estaban enterrados, que del hoyo donde habían sido metidos sus cuerpos no podían salir...

No se había llegado a un acuerdo claro en la reunión sobre cómo resolver el problema. Esta era la razón de su tensión...tenían miedo...le temían a lo desconocido.

Ya llegaban lentamente cerca de sus haciendas...los caballos mansos...los hombres temerosos. Comenzaron a hablar.

– Esta reunión no ayudó en nada a resolver el problema.

– Esos negros cimarrones andan sueltos.

– Dicen que han visto a Yenso por los montes...su espíritu...

– Qué espíritu ni espíritu...eso son pamplinas...

– Sí, pero ya murieron nuestros dos compadres...de la última batida quedamos tú y yo vivos. Éramos cuatro. Murieron quemados... y no se sabe...

– Yo no creo en espíritus. El que está muerto está dentro del hoyo. De ese hoyo no ha salido nadie todavía para contarlo.

– ¿Estará vivo el negro cimarrón?, él era el líder.

– ¡Que va a estar vivo! Si tú y yo lo matamos y los perros lo despedazaron...eso de que era un líder...

– Bueno, eso creíamos...yo...

– Mira, olvídate de eso. Yo tengo aquí esta pistola y este sable. Si se me aparece lo mato de nuevo y le tumbo el liderato.

– Dios te oiga, y quiera El, que entonces muera de verdad si aún no lo ha hecho.

Se separaron en el cruce del camino. Ramón hacia la izquierda y Juan a la derecha.

Las guajanas adornaban de moñas delicadas toda la cabecera del sembradío. Parecía una gran cabellera mecida en hamaca de viento, que se mecía incesantemente. Allí estaba la vida vibrante, el dinero para comprar más esclavos, para sembrar más tierra...pensaba Ramón...y ese cimarrón rebelde quería echarlo todo a perder. Iba absorto en sus sueños mientras subía la colina donde estaba su casa. De pronto, casi desde arriba vio un garrazo de luz contra el cielo. Lo vio de refilón. Dio vuelta al caballo. Miró hacia abajo. Allá el fuego le sacaba la lengua a las sombras. La burla era cada vez más grande... Bajó a todo galope. Arreando el caballo. Tomó el camino de la derecha. Entonces comenzó a oír los gritos. Desgarrados, aterrados. Eran gritos de dolor. El lo sabía. Recordaba el grito de los negros que ellos habían torturado. Recordaba las antorchas contra sus carnes. Fuego que llenó la pasa de sus cabezas y se las volvió sortijas de llamas y de luz. Luego los ojos de aquellos esclavos quedaron apagados por las antorchas. También recordó los perros, sus fauces, abiertas frente a la luz, cerrados emisarios negadores de la luz…

Aquellos negros cimarrones le habían enseñado aquella vez el grito del terror. Lo oía ahora. Repetido. Pero Juan era un blanco español. ¿Cómo sus gritos eran idénticos a los de aquellos desgraciados cimarrones que ellos mataron?

De pronto vio algo, vio una lengua de fuego que salía corriendo desde dentro del cañaveral. Era una llama viva que corría. La sorpresa le apretó la garganta. La llama se detuvo de pronto, miró hacia donde él y se movió en su dirección gritándole, "Ramón, Ramón, estoy quemándome vivo". Aquel era Juan que corría hecho una antorcha. Se iba acercando a Ramón poco a poco. Ramón no sabía qué hacer, si huir o esperar a que llegara su amigo, hasta donde él, para ayudarlo. Mientras pensaba esto, apareció un poco retirado de ambos, saliendo de ente las cañas en llamas, otra lengua de fuego. Era un fuego extraño, nunca visto. Era fuego negro. Una risa diabólica salía desde todas partes de la llama en forma de cuerpo "Ja, Ja, Ja, Ja". Esta llama oscura se orientó hacia donde ellos y comenzó a acercárseles, peligrosamente. Ramón se llenó de un miedo asfixiante. Miró hacia Juan. Ya este casi llegaba a las patas de su caballo. Ya sentía el calor de la llama viva que le decía: "Ayúdame Ramón, ayúdame". El no lo pensó dos veces. Le dio vuelta a su caballo y partió como una flecha veloz alejándose de allí. Miró hacia atrás. Vio algo horroroso. El fuego negro había alcanzado a Juan y ya se le echaba encima. Se unieron formando una sola llama. Esta brillaba en dos tonos distintos. También salían de la misma dos gritos distintos. Uno era de terror. El otro de risa diabólica.

Ramón llegó a su casa a todo galope. Saltó del caballo. Entró. Atrancó la puerta. Corrió a su cuarto. Lo cerró con seguro. Se tiró en la cama boca abajo y dijo: "quedo yo, ahora solo quedo yo"

Vocabulario

bestia. Animal de cuatro patas.

ceiba. Árbol americano muy grande y de tronco muy ancho.

guajana. Especie de espiga florecida que le nace a la caña de azúcar cuando está madura.

húcar. Árbol maderero común en Puerto Rico.

moña. Lazo con que se adornan las mujeres su cabello

negro cimarrón. El negro esclavo que huía y se escondía en el monte o en un lugar apartado.

Ejercicios de pensamiento crítico

En esta leyenda estudiaremos los valores de dignidad y solidaridad. Al hacerlo seguiremos el esquema ECA.

Exploración

1. ¿Por qué se reúnen en el pueblo los hacendados? ¿A qué atribuían algunas de las muertes que estaban ocurriendo? ¿Qué pensaban Ramón y Juan sobre estas muertes?

    _____

    _____

2. ¿Cómo murió el esclavo cuyo espíritu quería vengarse? ¿Había huido de sus amos? ¿Por qué crees que huyó?

    _____

    _____

3. ¿Les interesaba a Ramón y a Juan el bienestar de sus esclavos? ¿Qué pensaban de ellos?

    _____

4. ¿Crees que a los amos les importaba el deseo de libertad de sus esclavos? ¿Querían ellos complacer a sus esclavos y comprenderlos en sus puntos de vista?

Conceptualización

Cita dos o más frases donde se demuestra lo que pensaban los amos de los esclavos:

1. ¿Se preocupaban los amos en ser solidarios con los esclavos? ¿Tomaban en cuenta lo que éstos pensaban? ¿Lo que preferían?

2. ¿Apoyaban ellos la dignidad de los esclavos? ¿Les interesaba a los amos que los esclavos cambiaran de forma de vida?

3. ¿Conoces a alguien quien se interese por tu libertad y a quien le guste tu forma de ser? ¿Es esa persona solidaria contigo? Explica.

4. ¿Por qué crees que son importantes la solidaridad y la dignidad en las relaciones humanas?

5. ¿Cómo ayudan estos valores a la felicidad? ¿Al bienestar individual y social? ¿En la relación con los familiares, los amigos y los vecinos?

Aplicación

Si quisieras tratar a otro con una actitud solidaria y digna, ¿cómo lo harías?

Marca con una X lo que consideres es solidaridad y dignidad.

Solidaridad es:
a. Maltrato
b. Educarlo
c. Orientarlo
d. Comprenderlo
e. Darle importancia a sus cosas personales
f. Ayudarlo a que haga lo que yo sé que le conviene
g. Ayudarlo a lograr lo que él prefiera

Dignidad es:
a. Respetar su opinión
b. Ayudarlo a hacer lo que más le gusta
c. Tratarlo como igual a mí
d. Permitirle libertad de expresión
e. Ayudarlo a que se exprese como lo hago yo
f. Ayudarlo a que estudie una carrera prestigiosa
g. Ayudarlo a que estudie una carrera que le guste

III. LEYENDAS TAINAS (HERENCIA TAINA)

LOS TAÍNOS

Estos eran un pueblo hospitalario e inteligente, habitante de nuestra isla al llegar los españoles. Ellos vivían en la Edad de Piedra. A pesar de ello ayudaron mucho a los españoles para que pudieran sobrevivir y que no se murieran de hambre.

Les enseñaron a protegerse de los mosquitos, a dormir en hamacas para que no los picaran las arañas ni los alacranes, a cultivar la yuca en montones de tierra, y a hacer pan de casabe con esta raíz, a cultivar el maíz y a hacer bebidas embriagantes. También les enseñaron a pescar en los ríos con palos afilados, a asar los peces en moldes de barro; en medicina, a curarse con plantas y otros productos locales.

En la música, el taíno enseñó al europeo a construir y a usar el tambor de tronco de árboles, la maraca, el güiro y el caracol.

En cuanto a aseo personal, los indios eran muy limpios. Ellos enseñaron a los españoles a bañarse todos los días.

Los indios eran muy religiosos. Creían que todo dependía de los dioses, por eso lo que hacían, lo dedicaban a éstos, en especial a los cemíes y a Yocahú: el crecimiento de la yuca, el nacimiento, la muerte, los huracanes, las enfermedades. Estos dos últimos, junto con las inundaciones eran causados por la maldad de Huracán, el dios del mal.

Además de todo esto también regalaron oro, y ayudaron a los españoles en los trabajos de minería y de agricultura. Lo hicieron, porque al conocer a aquellos hombres blancos, barbados, creyeron que éstos eran dioses amigos, que los venían a ayudar, dioses que consideraban inmortales e invencibles.

Después que descubrieron que aquellos europeos no eran sus amigos, ni que eran dioses, se rebelaron bajo el mando de Agueybaná II, hermano de Agueybaná I. Este último, junto a su madre, había hecho un tratado de paz con Juan Ponce de León cuando éste desembarcó por primera vez, en 1508, en la Isla. Luego ese tratado fue roto por los españoles y comenzó la guerra en 1511.

Juan Ponce de León logró vencer y matar a Agueybaná II y a sus caciques e indios rebeldes.

La herencia cultural taína todavía está vigente en nuestro medio social y forma parte de nuestro ser puertorriqueño.

Preguntas guías

1. ¿Qué es la herencia cultural taína?

   _____

   _____

2. ¿Quiénes fueron los taínos?

   _____

   _____

3. ¿Qué significa que ellos vivían en la Edad de Piedra?

   _____

   _____

4. ¿Crees que fue justo que los españoles los despojaran de sus tierras y los obligaran a trabajar en forma obligatoria?

   _____

   _____

5. ¿Cómo se debe tratar al prójimo?

   _____

   _____

Vocabulario

Edad de Piedra. Período del temprano desarrollo cultural del hombre en que éste usaba instrumentos hechos de piedra. Los indios taínos vivían en la parte de esta edad llamada neolítica donde la piedra usada era pulida.

casabe. Pan hecho de la pulpa de la yuca por los indios taínos.

maraca. Instrumento musical creado por los taínos. Metían piedrecitas o peronías dentro de una higuera pequeña a la cual se le ponía un mango de palo para poderla menear y sonarla.

güiro. Instrumento musical. Se hace tomando un calabazo largo y curvo o calabacín, se le hacen rayas circulares y después se le hace sonar raspándolo con un instrumento de metal parecido a un tenedor.

caracol. Era utilizado por su sonido penetrante por los taínos como instrumento musical y en la guerra.

Yocahú. Dios del bien de los taínos

minería. Industria dedicada a la extracción de minerales.

Inmortal. Que no muere.

tratado de paz. Acuerdo entre dos personas, grupos o países para no agredirse ni pelear.

Guaybaná I. Cacique principal de Puerto Rico a la llegada de Juan Ponce de León.

Guaybaná II. Heredó la posición de Guaybaná I. Guerrea contra Juan Ponce de León y muere al rebelarse contra éste.

EL SALTO DE LA ENCANTADA

Nunca había visto una joven tan linda peinándose bajo una cascada. Su cabellera no tenía igual. Se parecía a la estela aterciopelada de las sombras de la noche, a esa tela oscura, suave con que se arropa el cielo. Y las estrellas nocturnas, ¿dónde habían quedado? Las encontró en sus ojos. Allí estaba el lucero de la mañana, el de la tarde, y todas las estrellas, cucubanos fantásticos de luz.

Detuvo la bestia. Se la quedó mirando lelo, lelo. Luego dio media vuelta a su montura y se marchó. No quería que lo sorprendieran mirándola. Esa noche él no durmió. Sentía como si una flecha le hubiera traspasado el corazón.

Ella en su casa estuvo asustada toda la noche. No le había dicho nada a su madre. No se había atrevido. Además, ¿qué podría decirle? No iba a creerle que había visto un ser extraño. Era bien guapo en la parte de arriba. Más que los indios de su tribu. Pero en la otra parte, la de abajo…la del animal…Se imaginó dándole un beso en los bembes, con toda la espuma que le salía por la boca, los dientes tan grandes…huy, uf…mejor ni lo pensaba.

Al otro día ella regresó a su costumbre del agua. No podía faltar a su cita de siempre porque era día de arreglarse el pelo, pensó. Sino lo hacía se le pondría feísimo. Además, de todos modos, él no vendría…

Ya estaba bajo el chorro de agua, a la hora de siempre. Varias veces se había asustado creyendo que venía alguien. Pero nadie venía. Era un perrito mudo que tenía su madriguera allí cerca y la molestaba.

De pronto sintió que el bosque se caía por un lado de la maleza. Oyó unos resoplidos extraños y un ruido como de tambores terráqueos. Y allí estaban el feo de abajo y el guapo de arriba. El corazón le brincaba en el pecho vestido de aire y agua. ¿Qué iba a suceder? Había sido muy atrevida al venir sola hasta allí. Debió por lo menos invitar a su amiga Nanigua. Y…¡oh!...él se bajó del caballo. Y era aún más guapo…Se le acercaba lentamente. Ella se fue echando hacia atrás poco a poco. Cerró sus ojos de quince años de mundo. Los abrió. El había desaparecido. Allí cerca había dejado algo mágico. Algo donde se encerraba la luz del día. ¿Sería un dios que le traía algo del cielo? ¿Un poco de luz sagrada? Tomó el espejito entre sus manos…y…oh…le había aprisionado su rostro. Nunca se había visto tan de cerca. Nunca se había pertenecido a sí misma tanto como en aquel instante. Y se sintió prisionera de aquel juego de luz; y lo sintió a él como el dueño. Había sido embrujada y ahora, ya tenía dueño, ella, y su imagen también. Le pertenecían a alguien…a un dios desconocido…

Al otro día no se atrevió a ir por la cascada, ni el otro, ni el otro…pero el próximo sí lo hizo…no fuera que sospecharan algo…Se había estado mirando cientos y cientos de veces en aquella luz secreta. Y siempre se volvía a encontrar. ¡Qué bien la conocía aquella luz! Siempre le hacía ver así, a tono con su estado de ánimo. Así debía conocerla él a ella. Sí, sí, ella era una prisionera…

Llegó hasta el agua y allí, sobre una piedra encontró un peine de oro, delicado, fino, hermoso. El se lo había dejado. ¡Cuánta alegría! Ahora podría peinarse allí, dentro de la luz con algo especial, no con su hueso de pescado. Y peinó, y peinó su cabellera, día a día, hasta que apareció él. Lo miró con timidez. Al mirarlo notó un incendio en sus ojos. Un temblor en sus labios. Se le acercó lenta, muy lentamente. Para no asustarla. Para que no se marchara. Ella estaba petrificada, allí, como si ya nunca pudiera abandonar aquellas piedras y aquel chorro de agua.

El le tomó la mano y ya le besaba las mejillas, y fue como si un incendio quemara el universo. Como si el cielo y la tierra se hubiesen tenido el uno sobre el otro. El, mensajero de luz, era el cielo, el cielo. Ella, la encantada de aquel salto de agua, era la tierra, la tierra, una tierra que mantenía sus ojos cerrados.

Pasaron las horas, una, dos, tres, cuatro, cinco…Ella sabía el tiempo por la salida de los cocuyos, por la posición de las estrellas, por el frescor de la brisa. Era la hora más allá, después de ocultase del sol. Había estado allí desde temprano en la tardecita. El yacía dormido a su lado. El otro, el grande de cuatro patas y ojos gigantes, estaba allá, retirado. De pronto ella recordó el sueño de hacía poco…el bosque se encendía y se volvía carbón, cenizas, polvo, nada. Ella era una ceiba sembrada en medio del bosque. Sus ramas eran todas de espejitos. Y en todos ellos su imagen lloraba, lloraba, y las lágrimas que caían no apagaban las llamas que ya sentía que la devoraban…El corazón le dio un salto.

Se levantó lentamente. Correría hasta su madre. ¿Qué excusa podría darle? Oh Yocahú, ayúdame", Debía apresurarse. Tenía que masticar dos canastas de maíz nuevo para el líquido embriagante que tomarían en el areyto sagrado. Los mayores estaban preocupados por unos seres extraños…¿qué le diría a su madre…? ¿qué podría decirle? Y corrió, y corrió.

Pasaron los días. Se veían a menudo allí. En aquel salto de agua, testigo juguetón de la entrega de su voluntad, de su cuerpo, de su alma.

El había penetrado en aquel espejo interior de su ser más íntimo. Estaba allí a todas horas. Al dormirse…le cerraba los ojos. Al despertarse se los abría a la luz. Ya se veían todos los días. En su encuentro ella se volvía fuego. El la sostenía para que sus carnes y sus huesos no se desmoronasen. La sostenía. ¿Estaría ahí siempre como el cielo sostenedor de sus estrellas? No lo sabía, oh no podía saberlo.

La forma en que él había llegado…así, de pronto… ¿No se iría de la misma manera? ¿Cuánto representaba ella para él, cuánto,

cuánto? Ella quería ser toda su vida. Todo el sentido de su existencia. ¿Pero lo sería, lo sería? El era tan inalcanzable. Tan alto. Ese era su dolor. Esa era su angustia…El era tan…tan…A pesar de tenerlo entre sus brazos, tan cercano, era a la vez lo más lejano. ¡Qué angustia!

Un día él no llegó. Ella sintió como si la hubiesen desgajado toda, toda, miembro a miembro. Pedazo a pedazo. Hueso a hueso. Y ocurrió así día, a día, a día. Y un terrible abismo crecía en su interior con el correr de las horas. Se iba quedando vacía, hueca. Y era tan doloroso, tan doloroso.

Sentía que se había rajado en dos. Una parte se había marchado, no sabía a dónde. La otra se había quedado allí, en ella, como parte de sí, pero…una parte muerta…que fue devorándola poco a poco, poco a poco.

Le iban quedando unos restos de vida que morían, lavados lentamente por el agua nefasta de las horas. Sobre aquella piedra, en aquella charca se reclinó ella en las fauces destructoras de la espera, hasta ser devorada.

Después de los gusanos y del polvo en que se volvieron los huesos, después de ese después, aparecía la india en la charca, por las tardes, esperando a su amado, peinando aquella cabellera con la que él arropaba su rostro, donde él ocultaba su pecho.

Ella esperó y esperó su llegada. Inútilmente. El había muerto en las manos de los indios que renegaban de los crueles conquistadores.

Vocabulario

areyto. Baile ceremonial sagrado de los taínos.

bembe. Se refiere a los labios gruesos y grandes del caballo.

bestia. Animal de cuatro patas.

cascada. Caída de agua por desnivel desde cierta altura.

charca. Depósito algo considerable de agua que puede ser formado por una cascada.

lelo. Como bobo.

Nanigua. Nombre creado por este autor.

perro mudo. Mamífero parecido a un perro. Era usado por los taínos en la caza.

salto de agua. Caída de agua desde una roca o lugar alto.

Yocahú. Dios del bien de los taínos.

Ejercicios de pensamiento crítico

En esta leyenda se nos presenta a una joven india enamorada que recibe como pago de su amor inocente la muerte.

¿Qué lección se puede aprender de esta leyenda? Utilicemos el esquema ECA del pensamiento crítico para descubrir esa lección a tono con la idea de autorrealización.

Exploración

Exploremos aquí los sentimientos de la india al conocer al soldado español.

1. Resume brevemente la acción de esta leyenda. Contesta: ¿Cómo llegó el español hasta el salto de agua? ¿Qué sintió la india al verlo? ¿Por qué regresó ella al mismo lugar de nuevo?

_____

_____

2. ¿Qué sensaciones y sentimientos sintió ella frente al español y su caballo?:
   ¿Curiosidad? ¿Deseo de experimentar algo nuevo? ¿Sentimiento religioso? ¿Deseo de amistad? ¿Deseo de conversar con él? ¿De estar a solas consigo misma?

   _____

   _____

3. ¿Has sentido tú alguna vez los sentimientos que sintió la india?

   _____

   _____

Conceptualización

1. ¿Crees que es bueno saber y entender los sentimientos que te producen las cosas, las situaciones y las demás personas?

   _____

   _____

2. ¿Podrías describir esos sentimientos? ¿Se los has descrito a tus amigos (as) cercanos, a tus familiares, a tus padres? ¿Cómo te has sentido después de haberte confesado con alguien de confianza?

   _____

   _____

3. ¿Cómo amar a tus padres te ayuda en tu vida?

   _____

   _____

4. Imagínate a dos personas que van a ser atacadas por un perro bravo. Una no tiene miedo y no huye ni se protege, la otra siente miedo y se protege, ¿qué crees que le sucederá a cada una?

   _____

   _____

5. Expresa en un corto párrafo la importancia de los sentimientos en la vida de las personas. Discute: ¿Debió la india consultar con su madre lo que sentía por el español? ¿Se hubiese salvado ella de haber tenido orientación de sus familiares? ¿Qué hubieras hecho tú?

_____

_____

_____

_____

Aplicación

En esta sección debes aplicar el conocimiento que has adquirido sobre los sentimientos a alguna situación de tu vida o la de un amigo o compañero. Ejemplo: Haz una dramatización del encuentro entre la india y el soldado. Recrea el final para que éste no sea uno infeliz.

_____

_____

_____

_____

LA INDIA DE MIS ANTEPASADOS

- Abuelita Lola, cuéntanos una leyenda.
- ¿Cuál quieren oír?
- Una de indios taínos.
- Muy bien, les contaré la de la india de mis antepasados.
- Ay sí, sí, sí, esa es bien buena.
- Hace mucho tiempo uno de los abuelos de los abuelos de los abuelos…
- Ay sí abuela, sigue…
- Ajá, pues ese familiar lejano de ustedes se encontró una india en uno de los bosques entre Vega Baja y Morovis.
- ¿Cómo era esa india abuelita?
- Era bien linda e inteligente.
- Y ¿cómo fue que la encontró?
- En esos tiempos parte de Puerto Rico estaba lleno de bosques. La isla era como un grande y hermoso bosque. En el mismo había

53

grandes ceibas, tan enormes que si un hombre tiraba una piedra con todas sus fuerzas desde un extremo de sus ramas no podría llegar más allá de las ramas del extremo opuesto.

- Abuela, eso es embuste.
- No nena, eso es verdad, ¿no ves que antes las cosas eran más grandes y hermosas?
- Y, ¿qué pasó después, abuela?
- Sí nene, ya voy. En ese tiempo había que ser valiente para entrar a los bosques de Puerto Rico.
- ¿Valiente? ¿Por qué? ¿Había fantasmas y hadas?
- A lo mejor los había, pero lo peor era que había perros salvajes, cerdos salvajes, muchas culebras boas, y también esclavos cimarrones. Estos, decía la gente que eran muy peligrosos. Enfrentarse a uno podría costarte la vida.
- Huy, abuela.
- Sí, huy.
- No, no les dé miedo, Juan era un hombre valiente. Además él iba con
- Pancho, un compadre suyo. También carga una vieja escopeta para defenderse de los peligros.
- ¿Qué valiente era, yo también soy bien valiente
- ¿Qué había ido él a hacer al bosque, abuela?
- El estaba buscando madera buena para hacer carbón. Luego de encontrarla harían una chimba. Ese carbón lo querían para cocinar en la casa y también para venderlo y hacer negocio con el mismo.
- ¿Cómo encontró a la india?
- Ellos llevaban ya tres días monte adentro. Estaban en lo más profundo del bosque. Ese día encontraron un lugar excelente, con buenos árboles para madera de carbón. Juan se había alejado de su compadre, él decía para sus adentros: "Voy echando números para ver los sacos de carbón y el dinero que sacaré". De pronto vio algo extraño flotando un poco al frente de donde él se encontraba. Pensó. ¿Qué es aquello que flota allí? ¿Será un nido de paja deshilachado? ¿Madeja de hilo negro al viento? ¿Algún trapo negro rasgado en finas hilachas? No lo veo bien a esta distancia. Parece cabellera humana: Qué locura. Sí, ¡una mata de pelo flotando en medio del monte! Me acercaré con sigilo. No le diré nada a Pancho, no crea que estoy loco. Ah, ya veo mejor. Parece cabello, una cabellera…Me acerco. Sí, sí, es cabello humano. Me acercaré

poquito a poco. Efectivamente…desciende desde ese árbol. ¿Una mata de pelo que cae desde un árbol? ¿Será cosa de magia? Lo tocaré suavemente, por si acaso…quedo…quedo…Ah, veo. Es una mujer. Ella descansa dormida sobre un tronco inclinado arriba. Sus largos cabellos flotan como una gran telaraña oscura. Qué lindo se ve. Ay, quiero verla, ver si es linda. La agarraré por el pelo para que no se escape… Ja, ja, ja, la tengo."

"Pancho, Pancho, ven acá. Mira lo que encontré. Cómo grita y chilla. La pobre. Yo haría lo mismo. ¡Avanza, Pancho, ayúdame! Que no se escape. Es capaz de cortarse el pelo para irse. ¿Es bonita verdad?"

"Sí, es bella, ¿Qué hará aquí?"

"Vamos a llevárnosla."

"¿Qué dices?"

"Sí vamos a llevárnosla para la finca."

"¿Para qué?"

"Pues, para que nos ayude allá."

– Se la llevaron.

– ¿Y por qué le hicieron eso?

"Pues la ponemos a cocinar y…"

"Dicen que saben hacer una bebida de maíz fabulosa."

"Pues mira, falta que nos hace para no tener que bajar hasta el pueblo a buscarla".

"Sí, y también para que prepare casabe".

"Con café prieto sabe bien rico".

"¿Qué está hablando? ¿Entiendes algo?"

"No, no".

"A lo mejor le gusta que la tengamos agarrada así"

– ¿No consideraban la libertad como algo sagrado?

Bueno, lo que querían era ponerla a trabajar; Juan decía: "Con lo caro que están los esclavos, nos economizaremos mucho con ella"

– ¿Y qué pasó luego, abuelita?

- Se la llevaron. Ella hizo el casabe, les enseñó a asar peces con moldes de barro hecho en la casa, a hacer hamacas, tejer canastas, hacer tinajas de barro, higüeros, cucharas y ditas de higüera. Tuvo hijos también.

– ¿De verdad abuela?

– Sí, de ahí fue que yo lo aprendí. Y un abuelo tuyo, Chepo, tejía unas canastas increíbles…

"¿Cómo la llevamos hasta la finca, Pancho?"

"Vamos a amarrarla a la mula."

"¿No se escapará de la casa?"

"Bueno habrá que encerrarla hasta que se acostumbre."

– ¿Y qué sucedió después abuelita?

– Después, después…después seguimos hablando, ahora a dormir que mañana van para la escuelita.

– No, no, sigue, sigue…contando.

– Después, después…

Vocabulario

calabaso. Recipiente de la fruta grande de la higüera, servía para guardar el agua de tomar.

ceiba. Árbol gigante de color ceniciento, de hasta ochenta pies de altura y más de cinco pies de ancho. Los indígenas lo usaban para hacer canoas las que fabricaban de una sola pieza.

casabe. Pan hecho de la raíz de la yuca por los taínos.

chuchin. Algo agradable, placentero, bueno.

chimba. En Puerto Rico se dice del modo en que el jíbaro convertía la madera en carbón. Se hacía una estructura piramidal de pedazos de troncos cubierta de tierra lo cual hacía que la combustión fuese incompleta.

hilachas. Pedazos de hilo desprendidos de una tela.

madeja. Hilo recogido en vueltas iguales para que luego se pueda desenvolver con facilidad. Cosa enredada. Mata de pelo.

tinaja. Vasija grande de barro cocida más ancha en el medio que en el fondo o en la boca. Es utilizada para guardar agua u otro líquido.

Ejercicios

Autorrealización

En esta leyenda podemos encontrar parte del pasado que contribuyó a formar en nosotros lo que somos hoy día.

Objetivo

Al terminar el estudio de esta leyenda podremos entender mejor nuestra herencia racial puertorriqueña y aceptarnos a nosotros mismos para ser mejores personas.

Exploración

En esta sección presentaremos parte de la herencia cultural que la india nos legó.

1. ¿Cómo fue encontrada la india de la leyenda? ¿Cómo la llevó Juan a su casa? ¿Cómo permaneció ella en la casa?

_____

_____

2. ¿Crees que fue bueno aprender a hacer diferentes comidas y utensilios con la india, como: casabe, hamacas, calabazos, canastas, bebidas, platos y cucharas de higüera?

_____

_____

3. ¿Conoces alguno de esos utensilios o alimentos? ¿Los usa tu familia o alguien que conozcas?

_____

_____

4. Tus familiares y otros puertorriqueños aprendieron a comer y a usar los utensilios mencionados, ¿crees que ello enriqueció sus vidas y su cultura? ¿Enriquecieron los indios nuestra herencia cultural?

_____

_____

Conceptualización

En esta sección tratamos de que entiendas el significado de herencia cultural.

1. ¿Crees que Juan hizo bien en llevarse a la india para su casa?¿Te la hubieras llevado tú?
   ¿La hubieses tratado de convencer en vez de obligarla?

_____

_____

Si alguien te enseñara nuevas formas de preparar los alimentos, a hacer hamacas, instrumentos musicales y otras cosas, sentirías que tu vida se enriquece? ¿Por qué?

_____

_____

2. Tus antepasados aprendieron mucho de los indios: a comer ciertas comidas, a construir y utilizar ciertos utensilios, etc., ¿crees que ello enriqueció sus vidas?

_____

_____

3. ¿Crees que la india ayudó a enriquecer la herencia cultural de Juan y su familia? ¿Por qué?

_____

_____

4. La herencia cultural taína, ¿forma parte de nuestro ser puertorriqueño?

   Explica:

_____

_____

Aplicación

En esta sección haremos un ejercicio donde pondremos en práctica lo aprendido.

Proyecto

Escribe un proyecto donde describas la vida y la cultura taína. Explica su contribución a la cultura puertorriqueña. Puedes utilizar libros, láminas, o buscar información en los centros ceremoniales de Tibes, Caguanax, o en el Museo de la U. P. R.

IV. Los Norteamericanos

LOS NORTEAMERICANOS

La influencia del pueblo norteamericano en Puerto Rico es una bastante reciente. Comienza con el ejemplo de su revolución de 1776 cuando se independiza de Inglaterra.

Esta revolución inspiró a muchos patriotas puertorriqueños e hispanoamericanos. Estos viajaban y se exiliaban hacia este país buscando apoyo para sus ideas liberales y para sus guerras de liberación.

Otro aspecto de la relación con Estados Unidos lo fue el comercial. Puerto Rico mantenía un gran comercio desde mediados del siglo XIX con ellos. No fue hasta 1898 en que la relación de estos dos pueblos se hizo más estrecha, en especial en lo político. En el presente, estos nexos incluyen una ciudadanía común, una defensa común y una moneda común. Además, más de cuatro millones de puertorriqueños viven en las ciudades de los Estados Unidos.

¿Cómo se inició esta relación política? Fue a partir de la Guerra Hispanoamericana. En ésta pelearon Estados Unidos y España. Al iniciarse el conflicto, soldados norteamericanos entraron a la isla por Guánica en julio de 1898. Poco tiempo después, España se rindió. En el Tratado de París ésta perdió sus colonias, Cuba, Las Filipinas, y Puerto Rico; recibió a su vez 20 millones de dólares de indemnización de guerra.

La relación entre Puerto Rico y Estados Unidos ha sido una que se ha ido modificando: gobierno militar, gobierno civil, adquisición de la ciudadanía norteamericana, realización de nuestra Constitución e instauración del Estado Libre Asociado (ELA), que es el gobierno que tenemos hoy día.

Preguntas guías

1. ¿Cuándo comienzan las relaciones entre Puerto Rico y Estados Unidos?

   _____

   _____

2. ¿Por qué Puerto Rico pasa a ser parte de los Estados Unidos?

   _____

   _____

3. ¿Qué nexos políticos y económicos unen a nuestra Isla con los Estados Unidos?

   _____

   _____

Vocabulario

Tratado de París. Acuerdo político y económico firmado en París por **España y los Estados Unidos**. En el mismo se puso fin a la Guerra Hispanoamericana.

indemnización. Pago que se le hace a alguien por algún daño recibido.

constitución. Ley fundamental de la organización de un Estado.

Guerra Hispanoamericana y Aguacates

Durante la Guerra Hispanoamericana de 1898, entre España y Estados Unidos, las tropas norteamericanas tomaron la ciudad de Ponce. Estas entraron a la ciudad a finales de julio, al mando del mayor General James H. Wilson. No hubo derramamiento de sangre en el evento. Muchos puertorriqueños recibieron a los norteños con la esperanza de que, conquistados los españoles, lograría nuestro pueblo la independencia. Sin embargo, no todos los ciudadanos estaban felices. Algunos ofrecieron resistencia y pelearon. Algunas de estas peleas tomaron caminos a veces oscuros y extraños. Veamos una de las leyendas que se fue forjando a partir de esta gesta humana.

Días después de establecidas las tropas en aquella ciudad señorial, una mañana unos soldados se llegaron hasta la plaza del mercado a comprar comestibles. El vendedor, se sintió muy molesto al ver a aquellos hombres altos y pálidos entrar allí. Ellos se le acercaron con un intérprete, también norteamericano, y el vendedor, disimulando, les vendió todo lo que pidieron. Además, les recomendó comprar aguacates, enseñándoles cuidadosamente cómo usarlos y comerlos.

Por la tarde de ese mismo día, aquellos soldados se sentían muy enfermos del estómago. El médico de la tropa, después de examinarlos largas horas, no encontraba qué les había causado el malestar. Esto le causó cierta ansiedad. Comenzó a sospechar que aquello fuera síntoma de una epidemia de disentería. Lo pensaba, porque recordaba entre sus lecturas, el incidente de la flota inglesa capitaneada por Jorge Clifford, conde de Cumberland. Este noble inglés, tomó por asalto la ciudad de San Juan en julio de 1598. En agosto la Abandonó, haciendo lo mismo un poco más tarde, Sir John Berkley, teniente a quien había dejado a cargo de la plaza. La razón principal de esta huida fue la disentería. Esta enfermedad tomó la vida de 400 de los 1,000 hombres que habían llegado a Puerto Rico en aquel entonces.

Antes de precipitarse a concluir sobre dicha epidemia, el galeno decidió investigar lo que los soldados habían comido. Luego llamó a un médico puertorriqueño de Ponce, que sabía inglés, para orientase en torno a los efectos de los comestibles locales sobre el organismo. Fueron analizando todo hasta llegar a los aguacates. Estos estaban en el cesto de la basura, la pulpa partida en dos mitades. El médico local dijo:

Los aguacates no les pudieron hacer daño porque no fueron ingeridos.

Pero ellos me dijeron que se los comieron todos.

Cómo va a ser si ahí está toda la pulpa de la fruta.

Ellos me informaron, que según les dijo el vendedor de la plaza de mercado, lo que debían comer era la pepita y eso fue lo que la mayoría hizo.

Vocabulario

ciudad señorial. Así se llama a Ponce para implicar elegancia, nobleza, majestuosidad.

comestibles. Artículos alimenticios.

disentería. Diarrea con pujos y mezcla de sangre.

gesta. Hecho o hazaña memorable de una persona o pueblo.

epidemia. Enfermedad transmitida por contagio.

galeno. Se refiere a un médico.

Guerra Hispanoamericana. Conflicto bélico ocurrido en 1898 ente Estados Unidos de América y España.

intérprete. Aquel que traduce de un idioma a otro, quien interpreta lo que dices.

norteños. Norteamericanos.

plaza del mercado. Lugar de compra y venta de artículos comestibles, en especial, verduras, vegetales y frutas producidas localmente.

teniente. Oficial militar puesto a cargo de una plaza particular.

Ejercicios de destrezas simples

1. **Percibir.** -esta destreza implica que has podido ver, oír o que has observado algo lo cual ha adquirido un cierto significado general en tu mente. En este sentido captas, por los sentidos, o mentalmente comparando, contrastando, recordando y observando.

   a. ¿Qué observó el médico local sobre los aguacates?

   _____

   _____

   b. ¿Por qué la pulpa de los aguacates estaba en el zafacón y la pepita no?

   _____

   _____

c. ¿Cómo se compara la forma en que se comieron los aguacates los norteamericano y como te los comes tú?

_____

_____

2. **Concebir.-** en esta destreza se expresa el momento en que comienzas a formarte la idea que te ayuda a comprender lo percibido. Por eso clasificas, agrupas y rotulas.

   a. ¿Cómo crees que el médico pudo clasificar el tipo de enfermedad que tenían los soldados?

   _____

   _____

   b. ¿Cómo fue agrupando él los diversos síntomas que sentían los enfermos?

   _____

   _____

   c. Si tú hubieras sido el médico, cómo hubieses rotulado o llamado el nombre de la enfermedad que padecían ellos?

   _____

   _____

3. **Colocar en serie**. - al colocar en serie ordenas, colocas en secuencia, estableces patrones.

   Ordena en orden de ocurrencia los sucesos (acciones) de la leyenda. Escribe del uno en adelante en secuencia, un número al lado de tu selección:

   — Los soldados se enferman.
   — Los soldados llegan a la plaza de mercado.
   — El médico descubre la causa del dolor de los enfermos.
   — El vendedor vende e informa a los soldados cómo debían comer los aguacates.
   — Las tropas norteamericanas invaden a Puerto Rico.

4. **Analizar**.- análisis lleva o significa un conocimiento más profundo sobre algo, tratar de encontrar el significado o sentido de una idea, o de un suceso que desconoces, o que quieres conocer mejor. Por ello, distingues el hecho de la opinión, la información pertinente de la que no lo es, sabes preguntar y distinguir las fuentes confiables de las no confiables.

   a. ¿Qué preguntas hizo el médico que lo ayudaron a descubrir la causa del dolor de los soldados?

   _____

   _____

   b. ¿Fue buena idea asesorarse con alguien como el médico de Ponce? ¿Por qué?

   _____

   _____

   c. ¿Crees que las pepitas de aguacate pueden dar dolor? ¿Sabes de alguna fruta cuya pulpa sea comestible mientras que su pepita sea dañina y hasta venenosa?

   _____

   _____

5. **Inferir**.- al inferir, tu razón trata a menudo, de llegar a una idea o conclusión, partiendo de un dato o de otra idea. Por eso buscas relaciones de causa y efecto, haces generalizaciones o estableces tu punto de vista.

   a. ¿Qué problema quería solucionar el doctor norteamericano?

   _____

   _____

   b. ¿Cómo pudo establecer, conocer, la relación entre el aguacate, su pepita y el dolor de los soldados?

   _____

   _____

c. ¿Si tú hubieses sido el médico, cómo hubieras inferido la causa del dolor de estómago de los militares?

_____

_____

EL ESPÍRITU DEL AMERICANO
EN PALMAREJO

–Pedro, ¿te contaron del fantasma?

–¿Qué fantasma, Pablo?

–El del americano que buscaba oro.

–No, yo no sé nada.

–Pues aparece un espíritu en el ojo de agua…

–¿A dónde vamos ahora, a buscar agua?

–Sí, y yo tengo miedo.

–Ay bendito, no me asustes.

–Es que sale a las 5:00 PM y ya casi son…

–Pues yo no voy a buscar ninguna agua. Voy a dejar la lata aquí.
   Me siento encima de ella así.

– Pero si no vamos nos pueden dar una pela.

– Sí, y mi pai pega duro con la correa.

– El mío con una vara y mami me da cocotazos.

– Bueno, vamos corriendo y cuando lleguemos, pues, no miramos al agua.

– ¿Y cómo sale el fantasma?

– A mí me dijo Panchito que él sale desde la cueva por donde sale el ojo de agua.

– Pero eso está lejos de donde nosotros llenamos las latas.

– Sí, pero ese fantasma viene sambuyendo y se te acerca hasta donde estás y…

– Ay, y si viene cuando yo cojo agua y lo meto en la lata…

– Uyyy

– Y me lo llevo en la lata y no me doy cuenta…y cuando llegue a casa con el fantasma en la lata …y se lo bebe mi familia.

– Pero él se queda en el agua…así…y se te queda mirando así…pero
no sale…es que él está cojo, le falta una pierna…

– Yo creo que eso es embuste.

– Panchito me dijo que el maestro les contó qué fue lo que le paso a ese americano.

– ¿Qué fue?

– Pues él vino con otros amigos a buscar oro, antes de 1898, cuando llegaron los norteamericanos a Puerto Rico.

– ¿Y qué le pasó a ese espíritu?

– Pues ellos explotaban las cuevas con dinamita para sacar las bates de oro.

– Las bates no, las vetas de oro. Yo busqué esa palabra en el diccionario.

– Eso, eso, sí eso, eso.

– Ah…¡Y qué pasó después!

– Un día hubo una explosión de dinamita, le cayó una roca grande encima de la pierna y se la partió.

– ¿Al fantasma…? Digo, ¿al hombre?

– Sí, y por efecto de esa explosión salió este ojo de agua de este barrio de Palmarejo y lo ahogó.

– Oye Pablo, yo creo que to' eso son embustes de Pancho.

– El dice que eso se lo dijo el maestro. Yo le pregunté a mi mamá…pa' la asignación de el origen de Corozal y ella me dijo que su abuelita le había contado de esos americanos.

– A mí me dijeron en la escuela que los españoles y los americanos pelearon en el 1898, y que en el Trato de Paris, Puerto Rico pasó a ser parte de los Estados Unidos.

– Pero antes en el 1897, Puerto Rico era una Provincia de España; pero a mí no me dijeron nada de un fantasma…y mira…ya llegamos…Yo tengo miedo… ve tú adelante, no, no te eches pa' tras…   ¡Tú decías que eras el más macho!

– No, yo no tengo miedo…es que no tengo prisa.

– Cuidado…mira allí viene una cosa nadando…y brilla…

– Huy…¡es el fantasma!

– ¡Era verdad, era verdad!

– ¡Vámonos, vámonos!

– Uf, uf, uf, jah, jah, suerte que ya habíamos cogido bastante agua…huy qué miedo…

– Mira, ahí va Doña Toña a buscar agua.

– Doña Toña, Doña Toña, vimos el espíritu del fantasma en el agua.

– ¿Cuál?

– El del americano.

– Sí, es que ahí hay un entierro…ese hombre era un gambusino.

– ¿Qué hacen los golusinos doña Toña?

– Pues cristiano, los gambusinos buscan pepitas de oro y vetas de oro
que están en las rocas.

– ¿A usted no le da miedo ir a ver ese mocosino?

– No, si yo soy espiritista y no le tengo miedo a los fantasmas. Voy a ver si me da el entierro, o sea el tesoro que tiene escondido en la cueva.

– ¿Hay un tesoro escondido?

– Sí, cristiano, por eso es que él no puede salir del agua porque el entierro del tesoro no lo deja, alguien tiene que sacarlo.

– Ay vámonos ya Pedro, que tenemos que avanzar.

– ¿Tú no tienes miedo ya Pablo?

– No, si yo no tengo miedo, pero vamos a ver si nos volvemos– g a m b u s i n o s.

– ¿Para buscar el tesoro?

– Pues claro.

– Sí, sí, avancemos a llevar el agua que es para la comida y de ahora en adelante buscaremos el tesoro del muerto cuando vayamos a buscar

a g u a...

Vocabulario

cocotazo. Golpe dado en la cabeza con los nudillos de los dedos.

dinamita. Explosivo muy poderoso formado por nitroglicerina y otra materia porosa inerte. Es utilizado para romper materias duras como las rocas.

entierro. Significa la existencia de un tesoro guardado por el alma de un muerto.

espiritista. Persona que cree que puede comunicarse con los espíritus de los muertos.

gambusino. Minero que busca y explota los metales en especial los preciosos como el oro.

provincia. Una de las grandes divisiones de un país.

veta de oro. Franja de este metal incrustado en la roca.

Ejercicios de destrezas complejas

Razonamiento

Al razonar comprendes el mundo, la cultura y a ti mismo. Dos formas comunes de razonamiento son la **inducción** y **deducción**.

1. **Inducción**.- En esta destreza te fijas en los detalles o elementos particulares de algo, para, desde los mismos, integrándolos, formar, captar la idea de lo que es. Vas de lo particular a lo general.

   a. ¿Quiénes vieron el fantasma en el ojo de agua?

   _____

   _____

b. ¿Qué vieron primero?

_____

_____

c. ¿Pudieron observar lo que era?

_____

_____

d. ¿Qué características tenía lo que vieron?

_____

_____

e. ¿Podían ellos describir su forma, su tamaño?

_____

_____

f. ¿Se movía el objeto por sí mismo? ¿Era rápido o lento?

_____

_____

g. ¿Puedes saber qué cosa es algo si no te detienes a observarlo?

_____

_____

2. **Deducción.-** En esta destreza vas de lo general a lo particular, desde el todo explicas sus partes.

a. ¿Por qué ellos dedujeron que lo que habían visto era el fantasma?

_____

_____

b. ¿La conclusión a que ellos llegaron, ¿fue debido a sus diversas observaciones o al temor que ellos sentían?

_____

_____

c. ¿Es válida una deducción basada en superstición? ¿En lo que los demás te cuentan? ¿Por qué?

_____

_____

d. ¿Debes establecer tus deducciones en tus observaciones y razonamiento? ¿Por qué?

_____

_____

3. **Evaluación-** Al evaluar analizas si algo, o una idea, es como crees que debe ser; también ves si tiene las cualidades que se supone que tenga.

a. ¿Crees que los niños tengan razón al creer en la existencia del fantasma?

_____

_____

b. ¿Crees que es prueba de la existencia del fantasma el hecho de que la espiritista y otras personas creyesen en su existencia?

Explica:

_____

_____

Solución de Problemas

En esta destreza te planteas una dificultad o situación que quieres comprender o resolver.

1. ¿A dónde se dirigen Pedro y Pablo, y qué van a hacer?

_____

_____

2. ¿Qué problema se plantean ellos de pronto? ¿Por qué?

_____

_____

3. ¿Crees que en verdad haya un fantasma en el pozo o será una superstición?

_____

_____

4. ¿Sería el problema que los estudiantes tenían miedo o que no querían trabajar?

_____

_____

5. ¿Crees en los fantasmas de aparecidos? ¿Se debe de buscar explicaciones naturales a las cosas fantásticas?

_____

_____

Toma de Decisiones

Al hacer decisiones te decides a favor o en contra de una idea o acción. Para ello estableces tus objetivos, alternativas o acciones a seguir.

1. ¿Qué decisiones podrían tomar los estudiantes para resolver el problema del fantasma? Marca las alternativas que te parezcan correctas.

    — Ir más temprano a buscar agua.

    — No hacerle caso al fantasma.

    — Observar y examinar lo que brillaba en el agua para saber qué era.

    — Consultar con la espiritista.

    — Hacer un grupo de investigación para estudiar el problema del fantasma.

    — Tratar de atrapar al fantasma.

    — Consultar con un adulto.

    — Establecer tus propias conclusiones basadas en tus observaciones objetivas.

Sobre el Autor

Roberto Hernández Sánchez, se ha destacado por su prolífica y amplia pluma en temas de enfoque sociológico, filosófico, educativo, romántico, folklórico, histórico y de crítica literaria. El profesor Hernández ha producido cerca de 40 títulos de los cuales ha publicado 18. Roberto ha cultivado los géneros de poesía, cuento, novela, leyendas, literatura infantil e histórica y crítica literaria. Esta última en amorosas reseñas, presentaciones y conversatorios sobre las obras de sus colegas y escritores universitarios.

Su libro, *Aventuras en la historia*, escrito bajo la dirección del distinguido educador y filósofo puertorriqueño, Dr. Angel Villarini, ha sido utilizado por el sistema educativo de Puerto Rico.

La obra de Roberto Hernández ha sido validada en sus méritos por escritores e instituciones como: Universidad de Puerto Rico, Ateneo Puertorriqueño, Departamento de Educación, Margot Arce de Vázquez, Enrique Laguerre, Félix Franco Openheimer, Washington Llorens, Matilde Albert Robato, entre otros. Asimismo, el profesor Hernández ha recibido varios premios y reconocimientos: Premio Nacional De Literatura, Bolívar Pagán, por Yo Soy El Otro (Cuentos); Medalla del Rector y, reconocimiento por su Excelencia Académica y Producción Literaria del Senado Académico de la Universidad de Puerto Rico.

El doctor Hernández es oriundo de Vega Baja. Roberto estudió su bachillerato y maestría en filosofía en la Universidad de Puerto Rico. Obtuvo su doctorado en filosofía educativa en la Universidad de Illinois en Urbana Champaign y, realizó sus estudios post doctorales en Literatura Hispanoamericana en la Universidad de Colorado, en Boulder.

Escritos del Autor

1. *El Tema de la soledad en Albert Camus*, Depto. de Filosofía, Universidad de P.R.: San Juan, 1970.
2. *Silencio Abierto* (Poesía). Edit. Cordillera: San Juan, 1974.
3. *Yo el Latino* (Poesía Bilingüe), Casa Cultural latina, Univ. of Illinois: Urbana-Champaign, 1975.
4. *Ideas and Believes in Ortega y Gasset's Educational Thought*, Univ. of Illinois: Urbana-Champ., 1976.
5. *Todo el amor del mundo* (Poesía). Depto. Español, Est. Generales. Univ. de P.R.: San Juan, 1977.
6. *Hombre a diario* (Poesía). Edit. Yaurel: San Juan, 1978.
7. *Yo soy el otro* (Cuentos). Edit. Yaurel: San Juan, 1979.
8. *El sembrador de números* (Cuentos). Edit. Yaurel: San Juan, 1985.
9. *Aventuras en el closet mágico* (Teatro Infantil). Edit. Yaurel: 1986.
10. *Aventuras en el closet mágico-Guía del Maestro*. Edit. Yaurel: San Juan, 1987.
11. *La cárcel de cristal* (novela). Edit. Yaurel: San Juan, 1987.
12. *Nuevos cuentos de Juan Bobo* (Lit. Folk). Edit. Yaurel: San Juan, 1987.
13. *Nuevos cuentos de Juan Bobo-Guía del Maestro*. Editorial Yaurel: 1987
14. *Mis raíces en leyendas* (Lit. Folk-educ). Edit.Yuquiyú: S.J., 1991.
15. *Juan Ponce de León* (Teatro Inf. –historia-educ.).Yaurel: San Juan, 1991.
16. *Aventuras en la historia* (Historia-educ. co-autor). Edit. Santillana: S.J., 1995.
17. *Aventuras de Juan Bobo* (Lit. Folk-Educ.). Sela: San Juan, 1995.
18. *Juan Bobo, va a la escuela* (Lit. Folk-Educ.). Edit. Sela: S.J., 1995.
19. *Trabajando por la escuela* (Co-autor, Teatro y ejercicios educativos). Ed. Sela: S.J.,1995.
20. *Leyendas de Boriquén* (Lit. Folk). Yaurel: 1995.
21. *Mi comunidad me educa* (cuentos). Sela: S.J., 1996.
22. *Viernes social, viernes sexual* (Cuentos). Edit. Dan Verlag: S.J., 1996.

www.ingramcontent.com/pod-product-compliance
Lightning Source LLC
Chambersburg PA
CBHW070555290526
45790CB00002B/697